D1717456

Björn Kuhligk

Die Stille
zwischen null und eins

Gedichte

Hanser Berlin

1 2 3 4 5   17 16 15 14 13

ISBN 978-3-446-24147-3
© Hanser Berlin im Carl Hanser Verlag München 2013
Alle Rechte vorbehalten
Umschlag: Peter-Andreas Hassiepen, München
Satz im Verlag
Druck und Bindung: CPI – Ebner & Spiegel, Ulm
Printed in Germany

MIX
Papier aus verantwortungs-
vollen Quellen
FSC® C006701
FSC
www.fsc.org

Hier sind wir durchgegangen
Mit unsern verschiedenen Werkzeugen

Volker Braun

1

Grüße aus dem Hochmoor

Der Tau der Wiesen rann herab
auf die Erde, der wir zugetan, über
dem Hang lag der Nebel, ein aufgelöster
Brühwürfel, aus dem sich der Bach
den wir am Abend stauten, befreite

die an den Rändern
gerundeten Wunden der Buchen
die gestapelt, als könnte Wald
gestapelt werden, nichts als Möbel
wir sahen hinein, eine Verschluss-Sache

wenn du Blätter siehst, die laufen
sagte der Sohn des Metzgers
sind es schnelle Ameisen, wenn
ich laufende Blätter sehe, dachte ich
sind es laufende Blätter

Und keine Apfelbaumblüte

Auch der Frühling nicht und nicht
das Knallen der Forsythien, wenn
da Forsythien wären, das Kartoffelfeld
ein Rechenbeispiel, die Rehe, zwei
am Rand, schreckhaft, Richtung Norden
die Wolken, ach was, die Wolkenbänke
sie ziehen, von einem deutschen Acker
darf nie wieder ein Wie-Vergleich
ausgehen, am Morgen stand der Traktor
an anderer Stelle, hatte die Katze
die Meerschweinchenkinder im Bauch

Im abgesicherten Modus

Die Straße endet am Feld
gegen sechs besteigt
der Hahn den Mist

Störche, Schwalben, dreizehn Dächer
der Nachbar mit der Klatsche
macht aus Fliegen Matsche

zeigt der Kirschbaum Regung
ist es Wind, dämmerts, folgen
die Hühner dem Hahn

über die Pappeln am Bach
über die Felder gehen nachts
Blitze, wir hören und sehen

Grüß Gott

Draußen Industrie und wie und
links ein Weg, da ginge man
an den Wurzeln reißt ein Fluss
und Schneeflächen und vernebeltes
Nadelgehölz, ein Berg, oh, ein Berg
und hochgezackte Wolkenschleifer
und Industrie und wie, dann Schnee
dann Regen, dann Pferde am Fluss
rechts ein Weg, da ginge man, und
Gestein und Schnee und weißes Gestein
im Hotel grüßen wir Gott und
seine Jungfrau, Verzeihung, passt schon
und dass Guy Helminger kein Mischbier
trinken möchte, passt schon, und dass
man in dieser Wirtschaft, wie jemand
sagte, nicht an die Wand gemalt
sein möchte, oh, Gerechter, schütze
uns vor Größenwahn und Genesung, links
ein Weg, rechts ein Weg, passt schon

für Angela Sanmann

Frühlingserwachen

Über alte Erde auf der Autobahn, der Wald
steht still und schweiget mächtig trächtig

das Blinken des Windparks, Esso blendet
Kaufland flammt, die Abfahrt im Fernlicht

ein zerfledderter Habicht, in den Dörfern
bechern die Märztiere, Hasen am Gürtel

der Kosmonaut steckt im Dach der ansonsten
unbewohnten Mehrzweckhalle und leuchtet

Mit leisen Tieren

In der Dämmerung treten Rehe
aus dem Wald, man müsste das Holz
notieren können, gehen Sie rein, alles
wird nach Angst verteilt, gehen Sie
raus, in der Ferne ein Streifen Raps
wir sinds, Horizontbetrachter, die nachts
den Himmel rändern, in Altkugelblitz steht
von einer Sichel aus Scheunen umrandet
eine Schlachteplatte mit Alleinunterhalter
man müsste, niemand tanzt, dieser Dringlichkeit
folgend, das Holz notieren können

Kilometer hinterm Deich

Das Wasser weiter hinten erduldet
den Mond, es springt, es kommt
an Land, ein Licht, als staubte es
zwei Katzen in Trauer laufen davon

auf den Bäumen, reifen Früchten gleich
ein Dutzend Pfaue, erstarrt im Schlaf
der kammlose Hahn, ein Irrer
läuft im Kreis, fällt um, steht auf

In den Raunächten

Im Dämmerlicht die dampfenden Tiere
sie züngeln, ich höre es, am Leckstein

ein Geräusch schwillt an, jemand
öffnet die Tür, Schnee, das Auto
zieht vorüber, keine Spur, fällt auf Schnee

Hallig Hooge im November

Die Vermieterin zeigte auf den Regenschirm
den brauchen Sie hier nicht

ich lief zum Einkaufsladen, die Jacke
knatterte, und wieder zurück

auf dem Weg sah ich einen, die Zugvögel
zu Tausenden, und wurde einmal gesehen

das, was nachts Licht gibt, sagte die Frau
sind Frachter

Post aus Falster

Über die Ostsee kann ich nicht mehr
ich kann noch über die Blindenschrift
der Rehaugen auf dem Seitenstreifen
über den Mercedes Kompressor, in dem
ein Paar, verlobt oder so, auf der Gegenrichtung
nach Bad Sonstwas zum Wassertreten, über
machen wir uns keine Sorgen
die Schweine von heute sind
die Schinken von morgen, und von
den lieben Mäusegesichtern, sagt eine, mein Karton
der hat acht Ecken, soll sich, was reingeht
verstecken, ich kann von der Feuerwehr, die eine
Obsttorte ist, von der Insel mit zwei Bergen
ich will nicht über das Seelenheil, Grundgütiger
und bitte nichts über die Innenzustände, ach nee
und bitte keine neuen Augen, steht eh alles rum
wo es hin- oder nicht hingehört, vielleicht über Tiere
im Abblendlicht, Füchse oder was, aber die Ostsee
was soll man da, wenn ich die Beine neben
dem Feuerwehrschiff und Wind in den Augen
und Deutschland da, wo man nichts sieht
wo ich mir den Zahnstein entfernen lasse, wo links
davon die kolossale, von hier aus nagelgroße
Fähre schaukelt, Hühnergötter gesammelt, nur
wenige, o fleißiger, grundschöner Küstenstrich
paar flache Steine übers Wasser geschickt, die sind
was sonst, gesunken, über die Ostsee kann ich nicht mehr

für Ron Winkler

Bei den Phrygiern

Auf der Karte ein Grabmal, wir fanden
einen Schafstall, drehten uns um, sahen
herab auf den Wagen, in dem das Kind
schlief, und stiegen weiter, verfolgt von
einer aus den Beinen blutenden Ziege
hinauf Richtung Kuppe, der Himmel
hob an, dann war das Gelände zu Ende

Nikosia

Zwei Fahnen am Berghang, zwei Fußballfelder
darunter »Glücklich, wer sich Türke nennt«

die übermüdeten Augen des Fahrers, der nicht
reden wird, zwei Ikonen, groß wie Daumen

pendeln am Rückspiegel, von der Seite die Sonne
ein Autofriedhof in Schichten, Häuser

und Zufahrten, Palmen, vereinzelt, das Meer
von der Seite das Meer, hält sich raus

Bosporus

Zwischen Asien und Europa brüllt
die Sonne, links ein Teetrinker
rechts ein Videotourist, Käpt'n
mein Käpt'n, was haben wir hier

Wasser, nichts als Wasser, und Häuser
am Wasser errichtet, ich träumte, dass
der Große Bär aus einer Wasserpfeife
zwei Abfallhütten baute

vom Dach sehen wir nachts
die Lichter flackern, als Welt-, Wald-
und Wiesen-Menschen erkennen wir
die Rinde, die Sorgenlampe brennt

für Achim Wagner

Animal inside

Unter dieser monströsen Himmelsplatte
die vom Wind zerlumpten Weizenfelder
nach dem Mittagessen sagt Claudiu
er zeigt, 104 Kilometer vor Braşov
auf seinen Bauch: animal inside
ein Schild warnt vor Bären, auf einer Weide
im Abstand von hundert Kühen
zwei an Pflöcken, dazwischen, wie
darübergestreut, die nickenden Störche
geben Signale nach innen

Bukarester Nachtstück

Nora Iuga tanzte auf der Treppe
die Sätze aus dem Körper

der Taxifahrer, warum ausgerechnet der Taxifahrer, jemand
muss es sagen, sagt, unter Ceaușescu war alles besser

Pastior hätte gesagt, sagte Iuga, vergiss
beim Übersetzen den Inhalt

es kommt auf die Sprache an, ich trank Ursus
die Sprache muss singen, eins nach dem andern

vor Gucci lag ein liegengebliebener
nach Republik riechender Hund

Durch den Feldstecher

Wir sahen sie, aufgereiht in der Wand
eine Kette, die nach oben wies, Kerne
die zum Kreuz, ein zweiter Ruf

ein Schwenk um neunzig Grad, die Gruppe
vor uns, ein, zwei Stunden im Geröll
in gleicher Position, ein dritter Ruf

für Minuten fror der Helikopter ein
und zog das Lila aus der Reihe
wir sahen, wie sie aufschloss

Auf der Rotwandhütte

In der Dunkelheit tranken wir Schnaps
mit dem Koch, er brachte den gekerbten
Wanderstock des schlafenden Priesters
und erklärte uns die Sterne, aus der Küche
fiel ein Streifen Licht, durch die Handschlaufe
des Stockes sollten wir nach oben blicken
wir hörten den Raum, wir hörten nichts

Das Ende der Saison

Bis auf die Augen vermummt
im Rücken das drohende Kreuz

so schlossen wir ab mit nach
außen gestülpter Müdigkeit

folgten den Fahrzeugspuren
über den weißen Bauch des Berges

der Schneehase, der uns
führte, wurde schwächer

Der Himmel, die Angst, das Meer

I

Der Morgen bleich, der Bug zerteilte
die Gischt, Windstärke 6, der Idiot
spielte am Abzug der Harpune, als wir
die Hoheitsgewässer verließen, stand ich
auf der Brücke und fotografierte den Helikopter
der von dem Kriegsschiff abflog, zwei Schleifen
über uns drehte und wieder landete, ich
fotografierte die Reling, das anrollende Wasser
den Himmel, die aufwachenden Männer
für eine halbe Stunde verstummten
die Motoren, für eine halbe Stunde brüllte
das Meer, mit Klebstoff und Eisendraht
reparierten wir die Kabinenbeleuchtung
der Hilfskoch erzählte von denen, die sich
nachts ins Wasser gleiten ließen, von Frauen
die nicht länger warten wollten, ich befestigte
meine Ausrüstung mit einer Schnur an der Decke
ich fotografierte die schweigenden Männer
das Schweigen, das müde und kristallklar
dastand wie ein leeres Gefäß

Die Nacht, niemand nahm das ernst
war das Gegenteil von Müdigkeit
wir verfolgten seit Tagen das Tier
wir schliefen im Schichtsystem
wir waren verlogen, verlottert
und träumten von Apfelspalten
einer hatte aus purer Langeweile
geschnittenen Hai in die Bugwelle
geworfen, die Fische, die wir für uns
aus den Netzen holten, sahen uns an
als wären diese zig Kilometer Nacht
im Kubik das Ende von allem, wir schnitten
die Köpfe ab und taten Salz darüber
wir spürten, wenn es stürmte, das Tier
unter dem Schiff, wir ahnten den einen
Flossenschlag, der uns nach unten
holen könnte, nichts als böse Wünsche
der Idiot spielte Maultrommel, er hielt
sie an einen Schlauch, der ins Wasser
mündete, er spielte dem Tier was vor
kurz fielen die Scheinwerfer aus, der Horizont
nur etwas Licht, einer erbrach sich
es roch nach Körper, nach Festland

3

Die Sonne sprang an, ein Pulk
Möwen umkreiste uns
die Oberfläche glatt, das Seil
kam hoch und spannte sich

das Wasser schäumte rot
die Männer zogen den Wal
über die Reling herauf
jemand machte Fotos

in dem Rücken wie eine
abgebrochene Fahnenstange
eine von Muscheln bewohnte
Harpune, das waren wir nicht

Urlaub in Kanada

Im letzten Licht, die Gewehre
im Anschlag, lagen wir noch tief
im Gehölz, hinter uns drei Hirsche
auf der Lade des gemieteten Pick-ups
einer starrte durch den Feldstecher
dann hörten wir Äste brechen und
sahen, wie von der Seite ein Schwein
auf uns zurannte, im Rücken
ein wippender 20-Dollar-Pfeil

Zum Erdkern

Mutter sagt, ich sei nichts
als Defizit, ich holte Luft und
tauchte ab am Seil entlang
ich regulierte den Körper
der Druck wurde stärker
vorbei an dem Blei, das die Richtung
spannte, dann gab das Licht auf
ein Schmerz zog herauf, ich
möchte Krill sein, Mutter sagte
Fallobst, was bin ich, eine
verdammte, präzise Flosse

Über dem Meeresspiegel

Hinter uns das Dorf, ein dunkler Punkt
die Seilbahn, die Zirben, das Gras
die Schutzhütte, eine Lawine ging hinab
im Fernglas flogen Vögel auf

da stieg die Wand, wir waren still, da war
das Eis, der Gipfel, das Auge ruhte aus
wären wir unten, sähen wir uns vielleicht
auf einem Zahn zwischen Fäulnis und Schmelz

wir zählten zusammen, was zu zählen war
und entfernten uns davon, betraten
den Schnee und sahen, Tage später
in der roten Jacke den ersten Toten

Volles Land

Aug in Aug mit dem Indianer
öffnete sich die Schiebetür des Flughafens
wir wichen zurück, der Hund
am Bildrand verschwand

mit dem Auto fuhren wir durchs
Reservat, die blonden Felder standen
dann wanderte, den Pferden
in der Weite nach, ein Auge

wir streiften unter Eichen, Ahorn
die Bäume färbten nach
dann hob sich, als der Regen
aufzog, eine Braue

wir erreichten das Haus
der dagegen gerichtete Wind
dann riss sich los der Blick
und ging ins Ganze

Aus zentraler Randlage

Anfang des Jahres, wir parkten
den Laster auf dem Gehweg
trugen den Hausrat nach oben
und sahen dann die schmalen
um Vorsicht bemühten
Kirschbäume in einer Reihe blühen

2

In einer hellen dumpfen Nacht

Da standen wir zusammengehämmert
und sahen hinauf, zwei Bretterbuden
am Bundesstraßenrand, das Wetter schlug
wir sahen viel zu lange hin, das Wetter
schlug um, wir redeten über die Liebe
das heißt, wir schwiegen, weiter oben
flog eine Kapsel, gefüllt mit einer
an Irrsinn grenzenden Helligkeit
wir stiegen in den Wagen, ich drehte
den Schlüssel, sah deine Hand, wie sie
vom Wein, wir schwiegen, der Motor
sprang an, ich sagte Traubenblut, wie
die Hand sich schloss und schwieg

Die Sterne über Dänemark

Das Licht, das schwere, das wenige
am Nordrand der Inselkette
wie heruntergehobelt, die Sterne
glühend, und müde stehn wir, müde

hören das Meer, hören, wie das Wasser
zurückkommt, die Burg mit den Türmen
mitnehmen wird, wir stehen stumm
stehen auf der Veranda, die Netze zittern

die Netze der Spinnen, und wären wir
an der Kante des Landes, wir liefen
wir setzten Fuß vor Fuß
und grüßten hegemonial die Flut

Spiekerooger Mitternacht

Zwei geplünderte Körper, Partyzelte
nach Blitzeinschlag, das Meer spricht
auch wenn die Liebenden fallen, moin, moin
fällt die Liebe, wir sind versichert, nicht

in der langen Nacht der Musen streunert
man davon, erst sozial, dann demokratisch
gehts auch weniger, weißt schon, kommt
einer, fragt, warum schreiben Sie

Gedichte, können Sie davon leben, Antworten
die wie Weltraumschrott, danke, es geht, das
hat Füße, weiter oben Finger, die hören
das Blut durchs Herzeleid stampfen

Die Räumung des Zimmers

Die Anmut ging hinkend
mit der Sanftmut auf ein Zimmer
gestern Nacht vor Mitternacht
hingen die Zweige, vom Regen
schwer, im Fernsehen wurde was
abgerissen, darüber der Himmelskübel
die Trauerbuche tropfte, die Eidechse
die ich tags zuvor vom Fenster aus
im Sonnenlicht, die war versteinert

Bodenpersonal

Das Kind auf der Fieberwiese öffnet
ein Auge und schließt es wieder
drüben endet das Nachtprogramm
wacht einer auf, trinkt was und
sieht, wie ich hier im aufsteigenden
Nebel, an der zitternden Folie des Sees
die Haubentaucher beobachte, in
den Taschen des Mantels die nicht
mehr jungen Hände bewege

Von der Milch

Vielleicht hat sie auch getanzt
ich denk, bevor ich einschlaf, sie
war auf dieser Feier, denke ich
an ihre Brust, die Liebe, die Liebe
ist ein Milchmädchen, spricht es
ich liebe dich, ist sie drei Liter tief
über der Stadt ein kümmerliches, ein Gewölbe
ein hinterherlaufendes Licht, als hätte jemand
einen Tropfen Wasser in ein Glas Pastis
die Spitze des Eiffelturms steckt
darin fest, ich gehe umher und sehe
was, was sie nicht sieht, die Reihen
von Mopeds, abgestellt wie Mopeds
drei Penner unter einer Plastikplane
das Geld, das Haben und das Sollen
le douleur, das ist der Schmerz, l'amour
natürlich, mein Französisch ist nicht redenswert
am Nachmittag der Himmel, frei von Wolken
ein Asylantenauge, die Liebe, die Liebe
ist ein Milchmädchen, die Schwarzen bringen
den Müll weg, im Jardin du Luxembourg
zwei Kinder auf dem Karussell, wir sagen
Rilkes Karussell, einige, es ist nicht fassbar
laufen hier herum, als gebe es ein Leben
als Übersprunghandlung, im Musée d'Orsay
da sah ich einen Mann, der hielt sich die Augen zu
sie war auf dieser Feier, die Liebe, bevor ich
einschlaf, die Liebe ist drei Liter tief
und vielleicht hat sie auch getanzt

In der Mark 1

Am Ufer die vom Schnee gebeugten Bäume
von rechts kam ein Fuchs, von links vier
fünf Rehe, Spuren, nichts als Spuren
wir sahen einen Post-Transporter
während die Scheibenwischer den Schnee
beiseiteschlugen, auf das Feld rutschen
die Silhouette des Waldes, schön, nichts
Neues, ein Scherenschnitt, darüber
kommt die Sonne nicht durch
das Eis knackt, ein Vermummter sitzt
vor einem Loch, was haben wir, was
haben wir nicht, in der Wirtschaft standen
die Erloschenen am Tresen, wir laufen
während wir uns berühren, dem Fuchs
zum Ufer nach, ein Knirschen

In der Mark 2

Man kann den Tümpel umrunden
wie man einen Ring vom Finger
streifen kann, fern auf den Wiesen
rufen Kraniche, Wind kommt auf
am stärksten Ast des Apfelbaumes
wir erschauern, pendelt langsam
der Kopf einer Kuh, man kann
den Ring vom Finger lösen, den Finger
vom Ring, den Tümpel umrunden
wie ein Leben, wie eine Zuversicht
mit aus dem Wasser springenden Augen

Mit Kind

Ich saß hier als junger Mann
mit Vitamintablette im Glas
ein Dichter im Erlebnis und Rasen
kein Rollrasen, ein Apfel fiel

ich saß hier mit einer Wespe
zwischen den Zähnen, ein
Dreikäsehoch unter Notstrom
und nichts als der Wunsch

den Erdkern gekaut zu haben
vorm Schlafen las ich Kapielski
und hörte den Atem, den vertrauten
den eigenen, den dazwischen

Ich war noch jung und nicht sehr zahlreich

I

Die Griechen, was für ein Unsinn, welche
mit Übermut strapazierten Umwege zu
den Griechen, an die ich denken musste
ja, denken, ein Wahnsinn, sie kamen
mir wie ein Trupp andersartiger Gestalten
aus dem Herzkranz entgegenmarschiert

ich hätte bei dir übernachten sollen, meine Seele
es ist erlaubt, ich weiß, solch große Worte
zu nutzen, ich bin keine Schulterklappe
kein Kriegerdenkmal, keine größere Ordnung
ich habe deinen Körper mit den Augen
aufgenommen und schreibe nun, als wär es leicht

ich muss zurück zur Seele, meiner Deponie, und
nach ihr greifen, es ist ja nicht, als hätte ich dich
nicht im Traum gesehen, wie du mädchenhaft
in diesem See, mit deinen, natürlich deinen
nach mir greifenden Schulterblättern
die Wasseroberfläche schleifen gingst

Ach, der Winter, Liebste, war nicht da
ich frühstückte am Abend das Rufen
einer Amsel, die saß in Stellung, doch
hielt sich ansonsten beiseite, dass es
o dass es nicht sonderlich klinge

ich saß, ach Liebste, im Geräusch und
traute weder Haut noch Herz, ich reimte
scheiß drauf, allen Überfluss auf Nerz, ich stand
den Regeln fremd, ich stand nicht schief, ich lag
den Tieren Nahrung, dem Himmel Wurfgebiet

3

Ein einziges schmales Hüsteln meinerseits
und die Milchstraße hatte eine Ausbuchtung
die Luft, die mich umgebende, verneinend
dem Waldrand mit dem Finger drohend, dass
mir auf Erden, welch wunderbare Kraft von
diesem schönen Finger ausging, nicht zu
helfen war, durch meine Schlafarchitektur
wollte ich nie spazieren gehen, auf Erden
und wie geht man durch Architektur, womöglich
zögernd, als könnte einen die Landschaft, in die
das alles eingebettet, wie ich dachte, kleinmachen
wie das Insekt, das im Bernstein an der Kette
die ich neulich, ach lassen wir das, jeden Abend
Fieber, lassen wir das gut sein, liebe Randlage
ich zielte aufs Geschwür, ich habs gelernt
und schoss ihr in das Herz, in Staub mit allen
Feinden, und mir dann in den Mund

3

Die Siedlung macht sich auf den Weg

Wir waren zwei der fünf Hochhäuser
eine bedürftige Männerkonzentration
wir plärrten: wo war ich in der Nacht
von Freitag auf Montag, liebe, saufende
Kinder, und dann: mein Herz schlägt
schwarz, rot, Bier, wir fuhren und
fuhren, der Tätowierer, der sich
für den Heiligen Vater hielt, hatte
die Einsamkeit eines Stuhls, wir fuhren
und fuhren und wurden kurz vor
der dänischen Grenze gestoppt, Teufel
wie waren wir dahin geraten, wir zogen
die Hüte und formierten uns
zu einer Hufeisen-Theke

In unseren Gefilden

Maler hieß er und war ein Fragment
er tauchte aus dem Darm von Neustrelitz
auf und wusste mit nahezu fotografischer
Hingabe die Form einer Kugel zu beschreiben
er sagte, er sei verhinderter Hochstapler
und deutete an, die Bedeutung einer Wirkung
zu wissen, dann sagte er, es war schon spät
wisst ihr, es fanden sich Männer aus Neustrelitz
wisst ihr, die standen aufgereiht, nur schemenhaft
das hatte Wirkung, da ist jede Großstadt weg und
hat Camping gemacht, auf dem Schulhof riss er, Maler
war bis dahin unbekannt, ein Streichholz an
rief, die Ausstellung ist eröffnet, dann brannte
ein Stuhl, dann schwärmte er aus und betrat
bewaffnet eine Sparkasse, bei Maler war man
sicher, wenn der wegfährt, kommt der wieder

Nachgeworfen

Er hat sich bemüht, er hat
Vorschläge gemacht, sich verbrüht
er hat den Leberkäse und das dünne Eis
erfunden, er hat was bewegt, den Kühlschrank
neben die Spüle, er ist rot-grün geschwächt
durch den Wald, der Wald hat nicht
gesprochen, er hat am Fuß des Vaters
gesägt, er hat den Laden gegen die Wand
und dann einen anderen, er war gut
das sagen die Anderen, zu den Anderen

Das Heimatdorf sagt aus

Wen wir schon vergessen hatten
war der, der immer den Harten
machte, und wen wir auch
vergessen hatten, war der, der
plötzlich in voller Kochmontur
im Treppenhaus stand, der die Sonne
für eine Ampelphase hielt, was wir
auch vergessen hatten, war das
als Krüppel verkleidete Kind und
unser nicht ganz deutsches Ferkel
was wir, du weißt schon, deine
unvollständige Freude, als du
begannst, lausig beleuchtet
um den Vermieter zu hinken

Auf den Hügeln der Hochmut

Er wohnt hier nicht, ihm gehört die Adresse
er sieht aus wie eine Baracke und denkt an
eine Abfüllhalle, an verschneite Felder, an
romantisierte Formationen, in einer Pausenbrotbox
vermutet er den Ort der Wolken, wäre er jung
und verwahrlost, wäre er ein Hund, während
einer Gartenparty sah er die Uraufführung
der Schöpfung, er schreibt eine Strophe, die
nach Rosen stinkt, sein Umland ist freundlich
in der letzten ihm zur Verfügung stehenden
Konsequenz geht er an Deck und hisst
eine gegen den Wind gerichtete Fahne

Voice over

Ich träumte, ich ging durch
eine nach und nach expandierende
explodierende Spontanvegetation
und hatte nichts, das heißt alles
Quatsch, nichts, ein bisschen
von dem und diesem, im TV
sah ich als überflüssige Randgruppe
die letzten Exemplare einer Tierart
und fühlte den Puls, draußen drei Mädchen
mit Bierflaschen auf Fahrrädern
fuhren vorbei bei 30 Grad
Celsius im Mondschatten, ich sah
was ich hörte, ich hörte, was ich
sah, selten so ein Einverständnis

für Aline Helmcke

Ideologien, meine Herren

Was die erlebt, gesehen haben
da fliegen die Plätze hoch, zwei Fäuste
und Liebe, ein Gefühlsbastard
was macht man damit, und Kinder, ja
Kinder, jetzt wird die Stille zwischen
null und eins geschlossen, der Gärtner
stößt den Spaten tief, die Baumaschinen
zwitschern, ich sah den Krokus Krokus
sein, die Dachdecker voll Sternhagel
die Dompteure verzögert, die UNO
eine im Kühlschrank vergammelte, ansonsten
interessante Frucht, die Weltgemeinschaft
Gesundheit, ein blinkendes Schwein
das Kind behauptet, dass jeder Reißverschluss
zwei Prellböcke hat, verkleidet als
desolater Traktor geht man mit sich und
dem, der nichts dafür kann, ins Aquarium
und streichelt den Koi, what a pity

für Florian Voß

In der Luft

Wir guten Menschen in der Luft, wir trinken
was, was kümmert uns die Schwerkraft, wenn
wir, den Arsch auf dem Sitz, zugehörig
allem Überdauernden, und abstoßend das
was das verhindern könnte, die beleuchteten
Wolkenbänke betrachten, wir guten Menschen
in der Luft, man kommt ja immerhin aus
der Urkruste, aus dem Wasser und nun
als Großgruppe mit Flügeln und ist da was
was höher ist, der Patient, wir sind versichert
wird geprüft, bevor man ihn verschließt, wir
guten Menschen in der Luft, die Sonne
eine Handgranate, und wären da Bäume, weit
draußen, von Schnee überpulvert, es rieselte
von den Ästen, geht ein Neger in einen Supermarkt
und sagt, einen Fußball bitte, wir guten Menschen
in der Luft, die Stewardess, die weder
dick noch schroff sein darf, die schläft und
träumt nur in Hotels, wir schlagen uns, wenns sein
muss, selbst aufs Maul, als auflösendes Element
sieht der Satellit die Spur des humpelnden Eskimos
Knopfauge, drück zu

00 Uhr 00 – Gedicht

Nichts von Belang, liebe Freunde der
Weltraum-Oper, die fünfte Welt ploppt
in ein Neues, einer tanzte, das sah
nicht gut aus, eine Schmerzlibelle
in seinem Glas, es knackte, taute Eis
draußen, es gibt Weiteres, die Sterne

4

Kurzfilm

Mit dreizehn stand ich unter Laternen
und schoss das Licht mit Erbsen aus
zwischen Euphorie und Bitterkeit
waren wir verstört, der Himmel
war vorhanden, eine Wunderglocke

grundsätzlich, sagte einer, das war mit sechzehn
niemand benutzte das Wort Altersfleck
muss die Welle untertaucht werden
wir füllten ihn ab, bis er kotzte
jeder Tag hatte eine Fehlzündung

der Schmerz war groß, größer als jede
Wohnung, nur nach Hause gingen
wir nicht, niemand wusste genau, was
das war, sie nannten es Sicherheit
wir nannten es Sachertorte

Stromausfall

So stiegen wir hinauf mit dem Baum
ich trug die Tochter, in der Linken
den Stamm, die Finger harzig, der Sohn
schleppte vorneweg, Richtung
Firmament leuchtete seine Stirnlampe

Nachdem wir den Baum schlugen

Nun ist die Erde zu taub, um Zäune
zu ziehen, wäre sie aufgeworfen
dampfte sie, eine Herde im Freilandgehege

wir gehen durch den Neuschneegarten
die Fährte, die wir hinterlassen, ist
schmal wie die stumpfe Seite einer Axt

Südstern

Wie klang das, womöglich ein Knacken
wie klang das, als sich die Blüten
der Friedhofsmagnolie öffneten, warum
fragt das Kind, fallen wir nicht von
der Erde herunter, das wäre für die, die
hier, ich sags ihm nicht, ein durch
und durch demokratischer Anblick
wie klang das, womöglich ein Knacken
wie klang das, als sich dieses irre Rosa
in den sparsamen Himmel hob

Nach Diktat verreist

Dinge, die in der Stirn stecken, zum
Beispiel Frankfurt-Sachsenhausen, da
zwinkern nachts die Ampeln, zum Beispiel
der Stadtwald, in den man geht und
das Knacken vertrockneter Zwerge
vernimmt, der Trupp, der behauptet
dass die Musik den Ton angibt
und dass die Hitze das Kornfeld
zerstückelt, ja, zum Glück ist heute
heute, und morgen ist das auch
noch so, zum Beispiel die nächtlichen
Tunnelfahrten, bei denen sich nur
spiegelt, was man längst schon
weiß, von der Idee einer Oberfläche
zu sprechen, na ja, Blödsinn

für Marcus Roloff

Die Poren dicht

Am frühen Morgen wird man geöffnet
und tritt an die Kommunikationstheke

nachmittags sagt einer, dass Zucker nicht
brennt, danke, das haben wir gewusst

ein Minutensteak, gut durch
danke, noch mal danke

am Abend ist das Sandmännchen
ein Waldarbeiter im Tiefschnee

das Vergehen der schlafenden Körper
aufhalten zu können, das wäre was

für Tom Schulz

Das Kind ist krank

Es sucht die Öffnung, die schmale Stelle
in die der Schlafstein niedergehen kann
ich weiß den Block aus Angst, es macht
die Augen auf, ich sage, ich sitze, schlaf
es atmet leis, ich zähle Stoß für Stoß

Aus der Tiefe des Raumes

Vor der Melancholie I stand der Mond
in der Oberleitung, ein Auto parkte
zwei Männer rauchten eine Packung
und sprachen nicht, die Straße gab
Geräusche, ich sah sieben Frauen
in ein Großraumtaxi steigen
der Mond stand in der Oberleitung
ich saß versichert, mit dem Rücken
zum Beton, die Männer tranken Schnaps
und sprachen nicht, ich hielt den Kopf
in eine Richtung, die keine war, der Mond
das muss kein drittes Mal, hier fährt
keine Straßenbahn, würde ich die Augen
verlangsamen, zögen Lichtschnüre
in eine Richtung, die eine ist

Eiswein

Ich denke, hier an einem Donnerstag
in einem zeitungsfreien Bierlokal
in der Stille, die keine ist, die Stille
beschreiben zu können wäre eine
Möglichkeit, sich der Stille zu entziehen

es ist ja auch nicht so, dass jemand mit dem Finger
auf die gefrorenen Trauben zeigt und sagt
sehen Sie das, aus dem Nichts geschaffen
es ist ja auch nicht so, dass wir das alles
alles ernten, wie man es ernten sollte

ich stehe, halb sechs, zwischen den Reben
der Himmel meutert, dann pflück ich
was zu pflücken ist, sehen Sie das
man sollte etwas in den Händen halten
wer weiß was, keiner weiß wohin, wir gehen los

für Max Czollek

Auf die Wunschkonzerte

Auf die Tische das Dazwischen
aufs gestreute Licht das hohe C
auf die Wunschkonzerte, an
mein Herz, auf dass es ruhig werde
auf das Weh, den Wagemut

Das große Schmiegen

1

Einsame Buchten, Seen und Fjorde
Hafenorte, Terrassen, die Pool-Anlage
die Alpenkette, das Wirtshaus, der Hof
die Häuser, der Reisebegleiter, der Körper
das Liebchen, die Katze, der Hund

2

An Felsen, an steile Felsen, an Granatfelsen
an Wasser, an die Fläche des Wassers
an die Wasserfläche, an den Körper
an die Körperfläche, an den Begleiter
an den Reisebegleiter, an die Reisebegleiterfläche
an das Whiskey-Glas, den Ofen, die Katze, den Hund

3

Die Alpenkette an die Wasserfläche
die Häuser an den Granatfelsen
der Reisebegleiter an den Körper
der Körper an den Reisebegleiter
der Handschuh an die Handgröße
das Liebchen an ein Whiskey-Glas
die Katze an den knisternden Hund

73

Welche Tiere

Welche Tiere hab ich gesehen
welchen Himmel, welche Tiere
welchen Himmel, welches Gras

das Zittergras hab ich gesehen und
die Tulpe, die Angsttulpe, in diesem
Kelch randalierte ein Kind

welche Tiere, welchen Himmel
ich habe den Laubfrosch gesehen
ich habe ihn nicht berührt

Unisono am Fenster

Der Regen kommt
ich atme ein, dann Schnee
und wieder aus

ich fotografierte
den Morgen am Abend
in Langzeitbelichtung

ich sah aus
wie man aussieht
wenn man raussieht

die Arme, rudernd
halb drei, dann drei
alles ist verständlich

Inhalt

2

3

4

In seinem fünften Gedichtband zeigt Björn Kuhligk, dass man als Dichter reifen kann, ohne an Vitalität und Sprengkraft zu verlieren. Kuhligk, der in seinen ganz jungen Jahren einmal als »Asphalt-Rimbaud« tituliert wurde, gelingt es seit jeher, scheinbar einfach und in leicht rotzigem Ton die Komplexität unserer Lebenswirklichkeiten einzufangen. In seinem neuen Gedichtband verlässt Björn Kuhligk die Großstadt und wendet sich stärker der Natur zu. Selbstverständlich schreibt dieser für seine bewussten Stilbrüche und funkensprühenden Kurzschlüsse bekannte Dichter keine ungebrochene Naturlyrik – »Über die Ostsee kann ich nicht mehr« –, doch lässt er hier zum ersten Mal einen ganz gelassenen Ton zu: »Der Regen kommt / ich atme ein, dann Schnee / und wieder aus«. Mit der gewohnten Sensibilität für Bruchstellen und Schieflagen lotet Björn Kuhligk die Position des Menschen auf diesem Planeten aus und bleibt dabei wunderbar plastisch, erzählt auf engstem Raum Geschichten.

Björn Kuhligk wurde 1975 in Berlin geboren, wo er als Buchhändler arbeitet. Zusammen mit Jan Wagner ist er Herausgeber der Lyrikanthologien *Lyrik von Jetzt* (2003) und *Lyrik von Jetzt 2* (2008). Nach *Es gibt hier keine Küstenstraßen* (2001), *Am Ende kommen Touristen* (2002) und *Großes Kino* (2005) erschien zuletzt der Gedichtband *Von der Oberfläche der Erde* (2009).